Werner Färber

Geschichten vom kleinen Weihnachtsmann

Jllustrationen von Katharina Wieker

Loewe

Die Deutsche Bibliothek — CJP-Einheitsaufnahme

Geschichten vom kleinen Weihnachtsmann / Werner Färber.
Jll.: Katharina Wieker.
1. Aufl. — Bindlach: Loewe, 1995
(Lirum Larum Lesemaus)
JSBN 3-7855-2802-7
NE: Färber, Werner; Wieker, Katharina

JSBN 3-7855-2802-7 — 1. Auflage 1995
© 1995 by Loewes Verlag, Bindlach
Umschlag: Katharina Wieker
Satz: Teamsatz & Litho GmbH, Neudrossenfeld
Gesamtherstellung: Offizin Andersen, Nexö, Zwenkau
Printed in Germany

Inhalt

Wie man Weihnachtsmann wird

Bis gestern ist der kleine

ein ganz normaler  gewesen.

Seit heute ist er amtlich geprüfter

. Dafür hat er viele

dicke  lesen müssen.

Jn einem  stand, wie man

 auf einen  packt.

Jn einem anderen  stand,

wie man einen schmückt.

Der kleine ![Zwerg] hat gelernt,

daß ![Würstchen] oder ![Fledermäuse]

an einem ![Weihnachtsbaum] nichts

zu suchen haben. Erlaubt sind

dagegen ![Engel] , goldene ![Glocke]

und ![Kerzen] . Einen weißen ![Bart]

muß man nicht unbedingt haben.

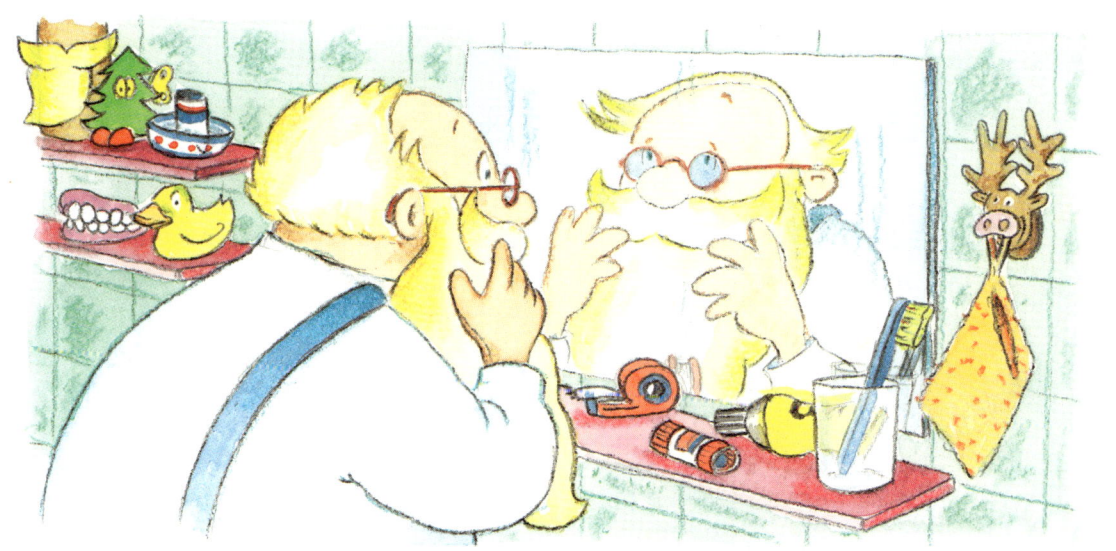

Einen  kann man sich auch

ankleben. Aber als 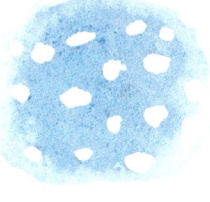 muß

man durch einen  klettern

können. Man darf sich nicht

im verlaufen, selbst

wenn es riesige schneit.

Und man muß  lieben.

Sonst kann man einfach kein

werden. Aber der kleine

hat alles richtig gemacht.

Deshalb hat er einen   ,

eine  , zwei 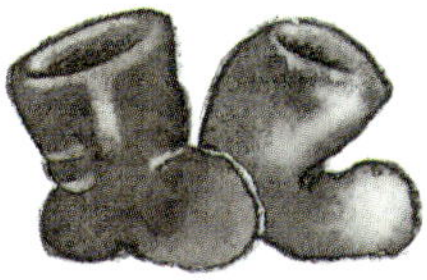 und

einen  bekommen. Und

nun darf er bald verteilen.

Ein Traum wird erfüllt

Das  vom kleinen

ist von oben bis unten voller

. Hier liegt eine  ,

und dort steht ein  .

Bunte  kullern herum.

Am  lehnt ein  ,

daneben steht ein  .

Die  sitzt im  .

Die   , die nicht mehr

rollen, kann der kleine

natürlich nicht verschenken.

Was funktioniert, packt er in

seinen . Was kaputt ist,

muß er leider wegschmeißen.

Doch was ist das? Der kleine

bekommt leuchtende   .

So eine elektrische  hat

er sich schon immer gewünscht.

Er sieht auf die . Nein, er

kann nicht mit der  spielen.

Er hat noch so viel zu tun.

Der kleine  will sich beeilen.

Er rennt die  hinauf und

wieder herunter. Er prüft, ob der

brummt. Er sieht nach,

ob alles im  drin ist.

Er läßt die  all ihre

anprobieren. Mit dem fährt

er einmal ums . Abends

ist der kleine fix und fertig.

Trotzdem baut er unter dem

die  auf. Hundertmal läßt

er sie durch den fahren.

Jrgendwann werden ihm die

schwer. Der kleine

schläft unter dem  ein.

Die  knipst die  aus

und stellt auch die  ab.

Dann kuschelt sie sich ganz dicht

an den kleinen , damit

er heute nacht nicht friert.

Ohne Brille

Mitten im

steht gut versteckt das

vom kleinen . Er liegt

noch im und schläft.

Nur seine rote schaut

unter dem hervor.

Da klingelt plötzlich der .

Heute muß er  verteilen.

Er strampelt mit den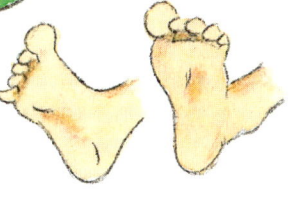

das 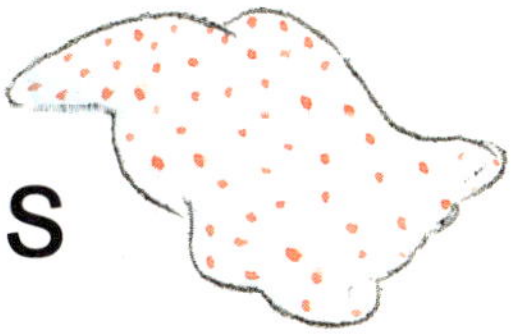  weg und reibt

sich verschlafen die   .

„Wo ist meine  ?" fragt er.

Auf dem  liegt sie nicht.

Der kleine steht auf

und tritt beinahe in den .

„Paß auf!" ruft die und

schiebt den beiseite.

„Mit wäre das nicht

passiert!" sagt die .

Der kleine  schlüpft

in seine großen  .

„Brrr", sagt er, „kalt wie  ."

Er schaut in den

und krault sich den   .

„Du siehst verschlafen aus",

sagt er zum  im .

„Erst einmal frisch machen."

Er geht unter die 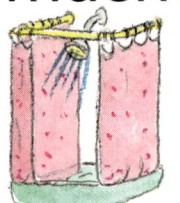.

Mit seinem großen

seift er sich gründlich ein.

Da flutscht ihm plötzlich die

nasse  aus den  .

„Verflixt", sagt der kleine  .

Mit geschlossenen  tastet

er nach der  . Er rutscht aus

und landet auf dem  .

„Mit  wäre das bestimmt

nicht passiert", sagt die

leise. „Jch dusche aber nie

mit  ", grummelt der

kleine . Er rubbelt sich

mit dem großen trocken.

Er kämmt die wenigen

und bürstet den vollen  .

Er zieht die  und das

an. Auf dem  findet der

kleine  seine  .

Er schaut auf den  .

„Oje", sagt der kleine

und zieht sich wieder aus.

Der   hat zu früh geklingelt.

Die  sind erst

morgen dran.

Das Geschenk

Frühmorgens bringt der

ein sehr langes  .

„Für den kleinen  persönlich",

steht darauf. „Nanu", sagt der

kleine  . „Bekomme ich

etwa auch ein  ?" Er macht

das lange  auf.

Jemand hat ihm  geschickt.

„Was soll ich denn damit?"

fragt der kleine  . „Ich kann

doch gar nicht  fahren."

Er setzt sich an den

und frühstückt. Vor dem

beginnt es zu schneien.

Es hört gar nicht mehr auf.

Mittags muß der kleine

hinaus und  schaufeln.

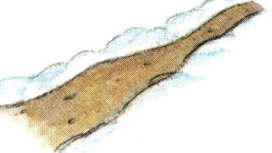

Und als er zum

zurückwill, ist der

schon wieder zugeschneit.

Der kleine  stapft zum .

Er holt die  und übt.

Erst fällt er dauernd hin. Einmal

fährt er sogar gegen einen .

Der kleine  wird ganz weiß.

Aber bald kommt er gut zurecht.

Er packt all die vielen

auf seinen 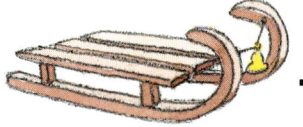. Dann

stellt er sich auf die .

So kommt der kleine  ganz

leicht durch den tiefen .

Und noch ein Geschenk

Spät kommt der kleine

nach Hause. Sein großer

ist leer. Die

sind verteilt. Der kleine

holt seinen 🔑 heraus

und schließt die 🚪 auf.

„Hallo, 🐱", sagt er müde.

Die  faucht erschrocken.

Sie erkennt den kleinen

fast nicht wieder. Er ist nämlich

schwarz wie ein  .

Bestimmt hat er alle

wieder heimlich übers

durch den  gebracht.

Der kleine  zieht die

aus. Schwarze  steigen auf.

Er legt seinen  ab.

Der staubt ganz fürchterlich.

Als der kleine  seine

absetzt, muß er niesen. „Ab in

die  ", sagt der kleine

und stopft alles hinein.

„Jetzt bin ich hungrig", sagt er.

Er stellt den  an und haut

ein 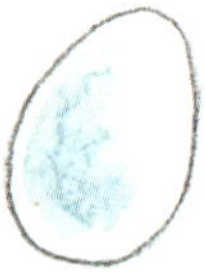  in die   . Vergnügt

schmiert er sich ein .

Gerade will er sich an den

setzen, da klingelt es an der  .

„Wer mag das sein?" fragt der

kleine  die  .

Er wickelt sich in eine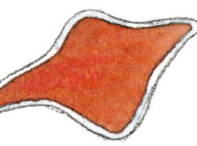

und schlurft langsam zur  .

Der  bringt ein  .

Der kleine  soll es

noch heute einem bringen.

„Tut mir leid", sagt er, „aber

mein , meine und

meine sind in der .

Und die ist auch schon

aufgegangen. Das ist viel zu spät

für einen kleinen ."

„Jst da wirklich nichts zu

machen?" fragt der  .

„Nein", antwortet der kleine .

„Das arme „ ", sagt der  .

Traurig sieht er das an.

Der kleine  überlegt.

„Wie wäre es", fragt er, „wenn du

dem  das  bringst?"

Erschrocken schüttelt der

den  . „Jch? Aufs  ?"

fragt er. „Niemals!"

„Dann stell es doch einfach vor

die  “, sagt der kleine  .

„Das  wird es schon finden.“

Und jetzt wissen wir, warum

nicht jedes  vom

gebracht wird.

Genau richtig

Der kleine  backt .

Jn einer knetet er

den . Mit dem

rollt er ihn aus. Dann wischt er

die klebrigen an der

ab. Wie könnten seine

denn nur aussehen?

Er könnte   ausschneiden

oder . Mit einem

könnte er 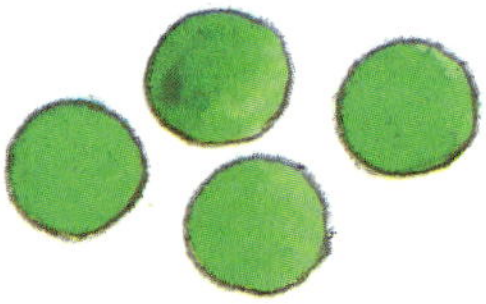 ausstechen.

Aber das ist dem kleinen

alles viel zu langweilig.

Plötzlich weiß er, was er will.

Mit einem 🔪 schneidet er

ein 🐴 aus. Dann einen 🪀

und einen 🦋, ein ❤️

und was ihm sonst noch einfällt.

Sorgfältig legt er die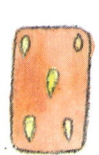

auf das 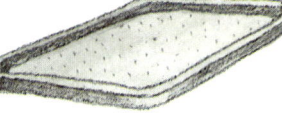 . Das schiebt

er in den heißen  .

Der kleine  stellt den   .

Solange alles backt, macht

er das  sauber und

wäscht ab. Als er auf den

sieht, erschrickt er. Die

haben sich nicht bewegt!

„Ach du dickes ", sagt

der kleine  . Er schnappt

sich die 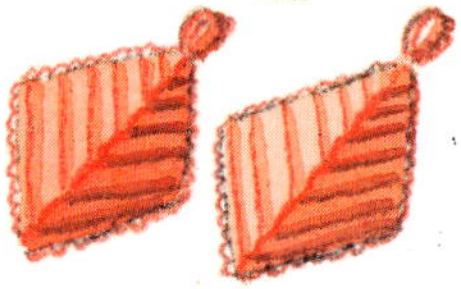 und stürzt

zum  . Gerade noch

rechtzeitig. Seine  sind

goldgelb und duften herrlich.

Die Wörter zu den Bildern:

 Weihnachtsmann  Engel

 Mann  Glocken

 Bücher  Kerzen

 Geschenke  Bart

 Schlitten  Schornstein

 Weihnachtsbaum  Wald

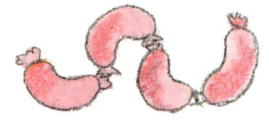 Würste 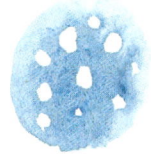 Flocken

 Fledermäuse  Kinder

 Mantel

 Fahrrad

 Mütze

 Schaukelpferd

 Stiefel

 Katze

 Sack

 Puppenwagen

 Haus

 Rollschuhe

 Puppe

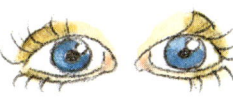 Augen

 Bagger

 Eisenbahn

 Bälle

 Uhr

 Stuhl

 Treppe

 Teddybär

 Füße

 Malkasten

 Brille

 Kleider

 Nachttisch

 Tisch

 Nachttopf

 Tunnel

 Pantoffeln

 Lampe

 Eiszapfen

 Bett

 Spiegel

 Federbett

 Dusche

 Wecker

 Schwamm

 Seife

 Paket

 Hände

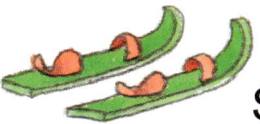 Ski

 Po

 Fenster

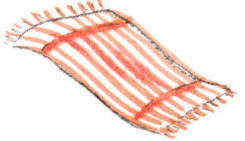 Handtuch

 Schnee

 Haare

 Weg

 Hose

 Baum

 Hemd

 Schlüssel

 Kalender

 Tür

 Postbote

 Schornsteinfeger

 Dach

 Kopf

 Wolken

 Lebkuchen

 Waschmaschine

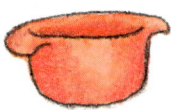 Schüssel

 Herd

 Teig

 Ei

 Nudelholz

 Pfanne

 Schürze

 Brötchen

 Vierecke

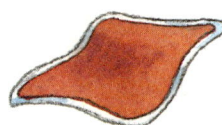 Wolldecke

 Dreiecke

 Sonne

 Glas

 Kreise

 Herz

 Messer

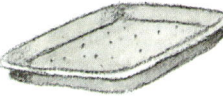 Backblech

 Pferd

 Backofen

 Kreisel

 Zeiger

 Schmetterling

 Topflappen